NOMENCLATURE

DU

CORNELIUS NEPOS.

NOMENCLATURE

DU

CORNELIUS NEPOS,

MISE DANS UN ORDRE CONFORME A LA MÉTHODE

DE M. J. J. ORDINAIRE;

PAR MM. AUGUSTE MICHELOT,

CHEF D'INSTITUTION,

ET BESSIÈRES,

PROFESSEUR.

A PARIS,

CHEZ ANT.-AUG. RENOUARD, LIBRAIRE,

RUE DE TOURNON, N° 6;

LOUIS COLAS, LIBRAIRE, RUE DAUPHINE, N° 32.

1825.

OUVRAGES RELATIFS A LA MÉTHODE

de *M. J. J. Ordinaire*, *qui se trouvent chez les mêmes libraires.*

Méthode pour l'Enseignement des Langues, Introduction et Manuel, par M. J. J. ORDINAIRE: 1 vol. in-12 broché. . . . 2 fr.

129 Tableaux de Désinences et de Nomenclatures, par le même, en feuilles. . . . . 32 fr.

NOTA. Un seul exemplaire suffit à une école, quelque nombreuse qu'elle soit.

Livret de Désinences, contenant les déclinaisons, les conjugaisons et les règles de la Syntaxe latine, par le même, deuxième édition, 1 vol. in-12 broché. . . . . 1 fr. 50 c.

Nomenclature de l'*Epitome historiæ sacræ*, par le même; deuxième édition, 1 vol. in-12 broché . . . . 1 fr. 50 c.

Nomenclature du *De viris illustribus urbis Romæ*, par MM. A. MICHELOT et BESSIÈRES; 1 vol. in-12, cartonné. . . . 1 fr. 50 c.

Nomenclature des *Fables de Phèdre*, par les mêmes, 1 vol. in-12 cartonné . . . . 1 fr.

Nomenclature du *Cornelius nepos*, par les mêmes, 1 vol. in-12 cartonné . . . . 1 fr.

AVERTISSEMENT.

On n'a pas répété dans ce livret les mots du *Cornelius nepos* qui se trouvent dans la Syntaxe de Lhomond, dans l'*Epitome historiæ sacræ*, dans le *De viris illustribus urbis Romæ* (édition de Boinvilliers) et dans les *Fables de Phèdre*.

Les principaux ouvrages que l'on a consultés pour rédiger cette nomenclature sont les dictionnaires de Danet, de Noël et d'Auvray, la grammaire de Port-Royal et l'*Index* de Barbou.

Les élèves doivent commencer à apprendre ce livret dès qu'ils traduisent les *Fables de Phèdre*.

La nomenclature de l'*Epitome historiæ sacræ* et le *livret de Désinences* de M. ORDINAIRE contiennent environ 3000 mots.

La nomenclature du *De viris*	1505.
Celle de *Phèdre*	835.
Celle du *Cornelius*	700.
Total.	6040.

Ce nombre de mots est considérable; cependant les élèves peuvent le savoir après dix-huit mois d'études, en apprenant seulement *douze mots* par jour. Un pareil travail est assurément léger. Pendant ces dix-huit mois, les élèves apprennent le *livret de Désinences* contenant les déclinaisons, les conjugaisons et les règles de la Syntaxe ; ils traduisent l'*Epitome historiæ sacræ*, le *De viris*, les *Fables de Phèdre* et le *Cornelius nepos*, en faisant l'analyse logique de chaque phrase et l'analyse grammaticale de chaque mot ; enfin ils s'exercent à reproduire le texte latin de chaque ouvrage sur la traduction française que le maître leur donne de vive voix.

Lorsque les élèves savent les quatre nomenclatures et qu'ils ont suivi régulièrement tous ces exercices , ils sont convenablement préparés, non-seulement pour expliquer, *sans dictionnaire*, les auteurs de quatrième et des classes plus élevées, mais encore pour faire des thèmes avec rapidité. En effet, la signification des mots et les diverses désinences leur étant bien connues , ils ne peuvent plus guère être arrêtés, pour traduire, que par la complication des phrases ou par la nature des idées qu'elles renferment ; mais

alors, portant toute leur attention sur ces dif-
ficultés, ils parviennent plus facilement à les
vaincre. On conçoit aussi quels avantages leur
donnent, pour composer en latin, les nom-
breuses applications qu'ils ont faites des règles,
et la grande quantité de tournures latines qu'ils
ont retenues en reproduisant les textes.

Tels sont les principaux exercices qui, gradués
et liés entre eux d'après les règles d'une saine
logique, produisent les résultats dont on est
frappé en observant l'application de l'excellente
méthode de M. Ordinaire.

NOMS SUBSTANTIFS.

Première Déclinaison. — (1)*
(I.er TABLEAU.—*ROSA.*)

NOMS MASCULINS.

Radical.	Désinences.		
.secl-		a	qui suit, qui accompagne ; parasite.
hlet-		a	athlète (celui qui combattait dans les jeux publics).
ynast-		a	gouverneur ; grand seigneur , prince.
ratricid-		a	fratricide.
trap-		a	satrape (gouverneur de province chez les Perses).

NOMS MASCULINS *n'ayant que le pluriel.*

Radical	Désinences	
molpid-	æ arum	eumolpides (sorte de prêtres et de magistrats à Athènes).
lot-	æ arum	ilotes (esclaves de Lacédémone faits à la guerre).
rm-	æ arum	tête d'homme; buste de Mercure.
ltast-	æ arum	troupes macédoniennes armées de petits boucliers échancrés.

NOMS FÉMININS.

Radical	Désinences	
el-	a	côte, rivage.
mit-	a	tante (du côté paternel.).
ppi-	a	voie appienne (chemin de cent lieues depuis Rome jusqu'à Brindes, fait par les soins d'Appius).
rmatur-	a	armure, armes.
aterv-	a	foule, multitude; bande de soldats, troupe.

(*) Le numéro placé entre parenthèses indique celui de la feuille i se trouve le tableau de désinences auquel on renvoie.

NOMS SUBSTANTIFS.

Première Déclinaison. — (1)
(1er TABLEAU.—*ROSA.*)

NOMS FÉMININS.

Radical.	*Désinences.*	
Chord-	a	corde, cordeau.
Clav-	a	massue; lévier; exercice de la jeunesse romaine.
Coloni-	a	colonie; ferme, métairie.
Copul-	a	lien, courroie; couple, nœud.
Cret-	a	craie (terre blanche qui venait de Crète); blanc d'Espagne; céruse.
Custodi-	a	conservation, garde; sentinelle; prison.
Dibaph-	a	pourpre, robe de couleur de pourpre.
Excellenti-	a	excellence, supériorité, élévation, mérite distingué.
Feroci-	a	fierté, courage; orgueil, présomption.
Fistul-	a	chalumeau, pipeau, flûte; canal; fistule.
Immodesti-	a	excès; indiscrétion; avidité; insolence; indiscipline.
Indulgenti-	a	indulgence, douceur, bonté; condescendance; pardon.
Inerti-	a	ignorance; lâcheté, paresse, inertie.
Infami-	a	mauvaise réputation; infamie, ignominie.
Innocenti-	a	innocence; désintéressement.
Intemperanti-	a	intempérie de l'air; défaut de retenue, intempérance, débauche, débordement.
Lecticul-	a	lit conjugal.
Medimn-	a	mesure de six boisseaux.
Observanti-	a	attention à observer; considération, respect; observance, coutume.

Première Déclinaison. — (1)
(Ier TABLEAU.—*ROSA*.)

NOMS FÉMININS.

Radical.	Désinences.	
Parm–	a	parma (petit bouclier ovale de cuir cru, à l'usage des fantassins); âme de soufflet; Parme (ville d'Italie).
Paus–	a	pause, repos, cessation.
Pelt–	a	pelta (petit bouclier échancré).
Plag–	a	plaie, blessure; incision faite à un arbre; fléau. plage, contrée, région, climat; tapisserie, tapis, courte-pointe; rets, filet.
Poetic–	a	la poétique, l'art poétique.
Præfectur–	a	préfecture, gouvernement, intendance.
Præsenti–	a	présence, apparition.
Pythi–	a	la Pythonisse (prêtresse d'Apollon).
Rhapsodi–	a	livre d'un poème (spécialement d'Homère); recueil de vers; rapsodie.
Sardini–	a	Sardaigne (île); sardine (poisson).
Scandul–	a	bardeau (douves taillées en forme de tuile dont on couvre une maison).
Scytal–	a	scytale (bande de cuir dont les Lacédémoniens se servaient pour écrire à leurs généraux), écriture en chiffres; sorte de serpent.
Scytiss–	a	femme scythe.
Sen–	a	Sienne (ville d'Italie); séné (plante).
Testul–	a	petit pot de terre; petite coquille; ostracisme.
Threiss– Thress–	a	femme de Thrace.

Première Déclinaison. — (1)
(Ier TABLEAU. — ROSA.)

NOMS FÉMININS.

Radical.	Désinences.	
Troj-	a	Troie (capitale de la Troade); tournois, carrousel.
Vagin- Vaginul- }	a	gaine, fourreau, étui.
Versur-	a	action de tourner; traduction.

NOMS FÉMININS *n'ayant que le pluriel.*

Epul-	æ arum	mets, nourriture, festin.
Induci-	æ arum	trève, délai.
Manubi-	æ arum	dépouilles des ennemis; part du général dans le butin; pillage; coup de foudre.

—(IIe TABLEAU. — DOMINA. —(2)—

NOMS FÉMININS.

Adversari-	a	ennemie, adversaire.
Asell-	a	petite ânesse.
Colon-	a	fermière, paysanne.
Consobrin-	a	cousine germaine (du côté maternel).
Pedisequ-	a	suivante, femme de chambre.
Privign-	a	belle-fille (fille d'un autre père).
Vidu-	a	veuve.

— IIIe TABLEAU. — ÆNEAS. (3) —

NOM MASCULIN.

Bago-	as	eunuque.

Première Déclinaison. — (4)
(IVᵉ TABLEAU. — *MUSICE*.)

NOMS FÉMININS.

Radical.	Désinences.	
Hetæric-	e es	escadron de cavalerie macédonienne (spécialement attaché à la personne du roi).
Poetic-	e es	la poétique; l'art poétique.
Scytal-	e es	scytale (bande de cuir dont usaient les Lacédémoniens pour écrire à leurs généraux), écriture en chiffres; sorte de serpent.

— Vᵉ TABLEAU. — *COMETES*. (5) —

NOMS MASCULINS.

Anagnost-	es æ	lecteur.
Chiliarch-	es æ	chiliarque (commandant , chez les Perses, d'un corps de mille hommes)
Dynast-	es æ	gouverneur ; grand seigneur , prince.
Herm-	es æ	buste, tête de Mercure.
Hierophant-	es æ	hiérophante (nom donné aux personnes chargées d'enseigner les mystères sacrés aux initiés).
Satrap-	es æ	satrape (gouverneur de province chez les Perses).

Deuxième Déclinaison. — (6)
(Iᵉʳ TABLEAU. — *DOMINUS*,)

NOMS MASCULINS.

Adversari-	us	ennemi, adversaire, partie adverse.
Bago-	us	eunuque.

Deuxième Déclinaison. — (6)
(Ier TABLEAU. — *DOMINUS.*)

NOMS MASCULINS.

Radical.	Désinences.	
Caduce-	us	caducée (verge que portait Mercure).
Chiliarch-	us	chiliarque, (commandant chez les Perses, d'un corps de mille hommes).
Colon-	us	laboureur, fermier; habitant.
Cule-	us	sac de cuir; outre dont les troupes se servaient pour traverser les rivières ou pour porter de l'eau; la plus grande mesure des Romains pour les liquides.
Debaph-	us	pourpre, robe couleur de pourpre.
Div-	us	Dieu; saint; ciel; air.
Elephant-	us	éléphant; ivoire.
Epheb-	us	jeune homme pubère, celui qui entre ou qui est dans l'âge de puberté.
Fum-	us	fumée.
Glob-	us	globe, boule; peloton; troupe, multitude.
Grammatic-	us	grammairien.
Hermerodrom-	us	coureur, courrier.
Inimic-	us	ennemi.
Internunti-	us	interprète; messager.
Jurisconsult-	us	jurisconsulte.
Mercenari-	us	mercenaire, valet; fermier; vigneron.
Ostracism-	us	ostracisme (suffrage écrit sur de petites coquilles, dont se servaient les Athéniens pour bannir un de leurs concitoyens).
Pad-	us	Pô (fleuve d'Italie).

Deuxième Déclinaison. — (6)
(Ier TABLEAU.—*DOMINUS.*)

NOMS MASCULINS.

Radical.	Désinences.	
Privign-	us	beau-fils (fils du premier lit).
Pulvin-	us	matelas, oreiller ; banc de gazon ; carreau de jardin ; digue, chaussée ; poulain (assemblage de pièces de charpente pour traîner les fardeaux les plus lourds).
Spar-	us	dard ; spare (poisson de mer).
Tænar-	us	Ténare, Matapan (cap et ville de la Grèce) ; le Ténare, les enfers.
Vent-	us	vent, souffle ; prospérité, faveur ; nouvelle.
Vidu-	us	veuf ; dieu romain dont la fonction était de séparer l'âme du corps.

NOMS MASCULINS *n'ayant que le pluriel.*

Alpici-	i orum	habitans des Alpes.
Ephor-	i orum	éphores (magistrats de Lacédémone).
Macrontich-	i orum	Machrontichos (murailles qui joignaient Athènes au Pyrée) ; ville de Thrace.

NOM FÉMININ.

Perinth-	us	Héraclée (ville de Thrace).

—(IIe TABLEAU. —*PUER.*)—(7)—

NOM MASCULIN.

Ist-	er ri	Danube (fleuve d'Allemagne).

Deuxième Déclinaison. — (7)
(IIe TABLEAU. — *PUER.*)

NOM MASCULIN *n'ayant que le pluriel.*

Radical.   *Désinences.*

Undecemvir- i orum undecemvirs (magistrats).

— IIIe TABLEAU. — *FILIUS.* — (8) —

NOM FÉMININ.

Chi-   us Scio (ville de l'Archipel).

— (Ve TABLEAU. — *ORPHEUS.*) — (10) —

NOM MASCULIN.

Tenesm-   us tenesme (maladie des entrailles).

— (VIe TABLEAU. — *TEMPLUM.* — (11) —

NOMS NEUTRES.

Radical	Désinences	Signification
Amicul-	um	vêtement, robe, manteau; couverture.
Argent-	um	argent; biens, richesses.
Caduce-	um	caducée (verge que portait Mercure).
Conscript-	um	écrit, ouvrage.
Cule-	um	sac de cuir; outre dont les troupes se servaient pour traverser les rivières ou pour porter de l'eau; la plus grande mesure des Romains pour les liquides.
Expens-	um	dépense; frais, dépens.
Fastigi-	um	faîte d'un bâtiment; hauteur, profondeur; surface; fin.
Fest-	um	jour de fête; prospérité.
Glob-	um	globe, boule; peloton; troupe, multitude.
Hæredi-	um	petit héritage.

Deuxième Déclinaison. —(11)
(VIᵉ TABLEAU. —TEMPLUM.)

NOMS NEUTRES.

Radical.	Désinences.	
Hortament-	um	exhortation, encouragement; motif.
Impediment-	um	empêchement , obstacle , difficulté, embarras.
Imperat-	um	ce qui est commandé, ordre.
Incept-	um	entreprise; projet.
Initi-	um	commencement.
Intestin-	um	entrailles, intestins.
Invent-	um	invention, découverte.
Ligustr-	um	troène (arbrisseau), fleur de troène.
Metall-	um	métal; mine, minéral.
Medimn-	um	mesure de six boisseaux.
Municipi-	um	ville municipale.
Mysteri-	um	mystère, secret.
Obsequi-	um	complaisance ; indulgence ; service ; respect, soumission ; dépendance.
Opprobrament- Opprobri-	um	opprobre, infamie , déshonneur ; reproche ; outrage.
Oracl- Oracul	um	oracle ; temple ; sentence.
Plebiscit- Populiscit-	um	plébiciste, ordonnance du peuple.
Præscript-	um	ordonnance, loi, statut; modèle.
Pulvinari-	um	oreiller, coussin, lit (particulièrement celui sur lequel on plaçait la statue d'un dieu); temple.
Sacell-	um	petit temple sans toit, chapelle.
Sacrari-	um	sacristie ; chapelle , oratoire ; sanctuaire.
Sal-	um	mer agitée; roulis; tangage.
Sarment-	um	sarment, pampre ; jeune branche.
Sceptr-	um	sceptre; royaume, royauté.

Deuxième Déclinaison.—(11)
(VIe TABLEAU.—*TEMPLUM*.)

NOMS NEUTRES.

Radical.	Désinences.	
Scort-	um	peau, cuir.
Senatusconsult-	um	sénatusconsulte (décret du Sénat).
Spar-	um	dard ; spare (poisson de mer).
Strat-	um	couverture, tapis ; housse, selle, bât.
Symposi-	um	festin, banquet, repas.
Tænari-	um	Ténare, Matapan (cap et ville de la Grèce) ; le Ténare, les enfers.
Vadimoni-	um	assignation ; ajournement.

NOMS NEUTRES *qui n'ont que le pluriel.*

Radical	Désinences	
Adversari-	a orum	agenda, registre, tablettes,
Hibern-	a orum	quartiers d'hiver.
Sponsali-	a orum	fiançailles ; repas de noces.

Troisième Déclinaison. — (12)

(1er TABLEAU.—*SOROR*.)

NOMS MASCULINS.

Radical	Désinences	
Actor	is	qui agit ; acteur ; comédien ; auteur.
Ædificator	is	constructeur, architecte ; qui a le goût des constructions.
Amator	is	ami tendre, ami cher ; amateur.
Antist-es	is	le premier ; prêtre, pontife, prélat.
Aquilo	n- is	aquilon, bise (vent du nord).

Troisième Déclinaison. — (12)
(Ier TABLEAU.—SOROR.)

NOMS MASCULINS.

Radical.	Désinences.	
Arusp-ex	ic- is	aruspice (devin qui consultait les entrailles des victimes pour pronostiquer l'avenir).
Ascriptor	is	qui souscrit, approbateur.
Conductor	is	entrepreneur; qui loue, qui prend à gages ; conducteur.
Conscriptor	is.	qui écrit, auteur.
Cursor	is	coureur; conducteur d'un char ; courrier; laquais.
Dodran-s	t- is	neuf onces (trois quarts de l'as romaine); trois quarts.
Expulsor	is	qui chasse, qui met dehors.
Insidiator	is	celui qui tend des embûches, qui est en embuscade.
Lepor	is	agrément; politesse; délicatesse ;
Lepo-s	r- is	enjoûment; bon air, charme.
Magne-s	t- is	Magnésie (ville de Lydie); aimant.
Manc-eps	ip- is	enchérisseur aux criées publiques; traitant; fermier général; accapareur; entrepreneur; intendant des bâtimens ; maitre de postes ; geôlier.
Oppugnator	is	agresseur, ennemi.
Pedest-er	r- is	piéton , fantassin.
Phrygio	n- is	brodeur.
Præ-s	d- is	caution, répondant.
Progenitor	is	aïeul.
Proscriptor	is	qui proscrit.
Rem-ex	ig- is	rameur ; forçat.
Remigator	is	
Satrapes	is	satrape (gouverneur de province chez les Perses).

Troisième Déclinaison. — (12)
(Ier TABLEAU.—SOROR.))

NOMS MASCULINS.

Radical.	Désinences.	
Septentrio	n- is	pôle Arctique, nord, septentrion; pays du nord; grande ou petite Ourse; bise.
Subscriptor	is	celui qui se joint à un accusateur; approbateur; souscripteur.
Suffragator	is	celui qui demande, qui donne un suffrage.

NOMS FÉMININS.

Radical.	Désinences.	
Accessio	n- is	action d'approcher; augmentation, addition; accessoire; caution.
Æmulatio	n- is	émulation, rivalité; envie, jalousie; imitation.
Affinita-s	t- is	affinité, voisinage; parenté; rapport.
Altitud-o	in- is	hauteur, profondeur, grandeur.
Amœnita-s	t- is	beauté, agrément, charme; aménité.
Amissio	n- is	perte.
Amplitud-o	in- is	grandeur, capacité, étendue; dignité, élévation.
Ascriptio	n- is	enregistrement; addition à un écrit; association.
Conclusio	n- is	clôture, fin, terme, conclusion.
Conductio	n- is	conséquence, induction; loyer, louage, bail, fermage.
Conductri-x	c- is	celle qui afferme.
Conscriptio	n- is	écriture; enregistrement; composition; conscription.
Consentio	n- is	accord; unanimité; conspiration.
Continen-s	t- is	continent (terre ferme).
Convictio	n- is	commerce, familiarité.
Damnatio	n- is	condamnation, improbation.

Troisième Déclinaison. — (12)
(1er TABLEAU.—*SOROR.*)

NOMS FÉMININS.

Radical.	Désinences.	
Decursio	n- is	course; irruption.
Demigratio	n- is	changement de demeure, départ.
Descriptio	n- is	description; peinture, dessin, portrait; explication.
Devotio	n- is	dévoûment; vœu; imprécation, malédiction; dévotion.
Divinatio	n- is	art de prédire, divination; prédiction, prophétie.
Ephemeri-s	d- is	journal, mémorial journalier; éphémérides, almanach.
Eruptio	n- is	éruption, excursion, irruption.
Excursio	n- is	excursion, voyage; sortie; escarmouche; digression.
Facilita-s	t- is	facilité, complaisance, douceur; mollesse, faiblesse.
Fautri-x	c- is	fautrice, protectrice.
Festinatio	n- is	précipitation, diligence.
For-s	t- is	hasard, sort, destin, fortune.
Gynæconiti-s	d- is	appartement des femmes.
Hortatio	n- is	exhortation, encouragement; motif.
Humanita-s	t- is	nature humaine; humanité; douceur, affabilité, politesse; belles-lettres.
Impulsio	n- is	impulsion, choc; instigation; mouvement passionné.
Inscriptio	n- is	inscription, affiche; accusation.
Incidiatri-x	c- is	celle qui est en embuscade, qui tend des pièges.
Interitio	n- is	mort, trépas, perte, ruine, destruction.

Troisième Déclinaison. — (12)
(Iᵉʳ TABLEAU. — *SOROR.*)

NOMS FÉMININS.

Radical.	Désinences.	
Largita-s	t- is	largesse, libéralité ; abondance.
Lectio	n- is	lecture ; choix, élection ; élite.
Liguritio	n- is	friandise.
Munitio	n- is	fortification, rempart, retranchement ; blocus.
Necessitud-o	in- is	nécessité ; alliance ; amitié intime.
Oblivio	n- is	oubli.
Obstinatio	n- is	obstination, opiniâtreté, fermeté.
Obtrectatio	n- is	jalousie, envie ; médisance, calomnie.
Offend-o	in- is	échec, perte ; indisposition ; offense ; haine ; blâme.
Offensio	n- is	
Ony-x	ch- is	onyx (pierre précieuse) ; albâtre (sorte de marbre), vase d'albâtre.
Parcita-s	t- is	parcimonie ; modération.
Perfectri-x	c- is	celle qui achève, qui perfectionne.
Perscriptio	n- is	enregistrement ; livre de comptes ; ordonnance.
Phalan-x	g- is	phalange (corps d'infanterie macédonienne.).
Præoccupatio	n- is	préoccupation ; anticipation ; présomption.
Præ-s	d- is	caution, répondant.
Præscriptio	n- is	titre ; ordre, loi ; prescription.
Prætermissio	n- is	omission ; négligence ; prétermission.
Propag-o	in- is	provin de vigne, bouture ; lignée, race, petits des animaux.
Propinquita-s	t- is	voisinage ; parenté, intimité.
Proscriptio	n- is	proscription ; apposition d'affiches.

Troisième Déclinaison. — (12)
(Ier TABLEAU. — *SOROR.*)

NOMS FÉMININS.

Radical.	Désinences.	
Prosperita-s	t- is	prospérité , bonheur.
Saltatio	n- is	danse.
Scriptio	n- is	écriture ; composition; déclamation.
Speculatri-x	c- is	celle qui considère, qui contemple.
Stipulatio	n- is	stipulation , promesse de.
Suavita-s	t- is	suavité, douceur , agrément.
Subscriptio	n- is	suscription; signature; souscription; action de se joindre à un accusateur.
Suffragatio	n- is	suffrage.
Suggestio	n- is	addition ; suggestion , conseil.
Tyranni-s	d- is	tyrannie.
Urbanita-s	t- is	urbanité , politesse; flatterie; raillerie fine.
Venusta-s	t- is	formes élégantes, beauté, grâce ; bonheur.
Viduita-s	t- is	veuvage , viduité.
Vocatio	n- is	invitation , assignation ; ajournement ; vocation.

— (IIIe TABLEAU. — *AVIS.*) —(14) —

NOM FÉMININ.

Annal-	is is	annales ; livre d'annales , chronique.

NOM MASCULIN *n'ayant que le pluriel.*

Penat-	es ium	dieux pénates, dieux domestiques; maison , logis.

Troisième Déclinaison. — (15)
(IVᵉ TABLEAU. — *SECURIS.*)

NOM FÉMININ.

Radical.	*Désinences.*		
Febr-is		is	fièvre (maladie).

— (VIIᵉ TABLEAU. — *CORPUS.*) —(18)—

NOMS NEUTRES.

Acum-en	in-	is	aiguillon, pointe ; subtilité ; pénétration ; artifice.
Fen-us } Fœn-us }	or-	is	usure.
Hortam-en	in-	is	exhortation , encouragement ; motif.
Pulvinar		is	oreiller , coussin ; lit (particulièrement celui sur lequel on plaçait la statue d'un dieu) ; temple.

— (VIIIᵉ TABLEAU. — *CUBILE.*) — (19) —

NOM NEUTRE *n'ayant que le pluriel.*

Sponsal-	ia	ium	fiançailles ; repas de noces.

— IXᵉ TABLEAU. — *POEMA.* — (20) —

NOMS NEUTRES.

Acroama	t-	is	tout ce qu'on entend avec plaisir ; concert ; fables ; bouffon ; subtilité.

Quatrième Déclinaison. — (21)
(Iᵉʳ TABLEAU.—*MANUS.*)

NOMS MASCULINS.

Accurs-	us	affluence, concours.
Amiss-	us	perte.
Anfract-	us	circuit ; courbure, sinuosité, détour ; circonlocution.

Quatrième Déclinaison. — (21)
(1er TABLEAU. — *MANUS.*)

NOMS MASCULINS.

Radical.	Désinences.	
Context-	us	tissu, enchaînement, contexture; ordre.
Convict-	us	commerce; familiarité; festin.
Decurs-	us	cours; course; joûte.
Duct-	us	trait; sinuosité; suite; conduite; administration.
Fluct-	us	flot, lame, mer; trouble, agitation; danger; cohue.
Hortat-	us	exhortation, encouragement; motif.
Impuls-	us	impulsion, choc; instigation; mouvement passionné.
Incept-	us	entreprise; projet.
Interit-	us	mort, trépas; perte, ruine, destruction.
Invent-	us	invention, découverte.
Miss-	us	envoi.
Obit-	us	mort, destruction; coucher; rencontre.
Object-	us	opposition, obstacle.
Recurs-	us	allée et venue; retour.
Rogat-	us	prière.
Sit-	us	assiète, position, pays; moisissure, ordure; oubli.
Speculat-	us	action d'être en embuscade.
Tractat-	us	maniement; traité.
Tract-	us	traînée; suite; rangée; dérivation
Venat-	us	chasse; pêche.

 NOMS ADJECTIFS.

Ire *et* IIe *Déclinaisons.* — (27)
(Ier TABLEAU. — *BONUS, A, UM.*)

Radical.	Désinences.	
Acut-	us a um	aigu, tranchant; vif, violent; rusé, pénétrant. . .
Adversari-	us a um	ennemi, opposé; qui contredit, qui résiste. . . . .
Annicul-	us a um	d'un an . . . .
Blandul- Bland-	us a um	caressant, flatteur; persuasif; doux, tendre; agréable; innocent. . . . . . .
Cæsare- Cæsarin-	us a um	de César. . . . .
Cinnan-	us a um	de Cinna, de la faction de Cinna. . . . .
Classiari-	us a um	qui concerne la marine; diligent. . . . .
Colonic-	us a um	de métairie, de laboureur, de colonie. . . . . . .
Colon-	us a um	propre à la culture . . . . .
Concinn-	us a um	bien fait, joli, agréable; élégant; ingénieux; régulier.
Conductiti-	us a um	loué, pris à la solde . . . .
Disert-	us a um	disert, beau parleur, éloquent. . . . .
Extern-	us a um	externe, extérieur; étranger.
Fabian-	us a um	de Fabius. . . . .
Factios-	us a um	puissant; actif, remuant, intrigant, factieux. . . .
German-	us a um	frère ou sœur de père et de mère; semblable; véritable, légitime. . . .
Imparat-	us a um	qui n'est pas prêt; qui n'est pas sur ses gardes. . . .
Imperios-	us a um	dominant, impérieux; tyrannique. . . . .

Désinences adverbiales.

è , ùm	avec un son aigu ; ingénieusement, avec esprit, pénétration.
è	d'une manière opposée ; contradictoirement.
è , ìm	éloquemment, clairement.
è	par faction.
è , itùs	en frère, de bon cœur, sincèrement.
è	impérieusement.

Ire *et* IIe *Déclinaisons.* — (27)
(Ier TABLEAU. — *BONUS, A, UM.*)

Radical.	Désinences.	
Incognit-	us a um	inconnu. . . . .
Inficiand-	us a um	niable, qu'il faut nier. . . .
Inficiat-	us a um	qui a nié . . . .
Inhonest-	us a um	déshonnête, honteux, dés-honorant ; sans honñeur ; laid, difforme. . . . . .
Inopinat- Inopin-	us a um	inopiné, imprévu. . . . . .
Intempera-t-	us a um	insalubre, malsain ; intem-péré ; excessif. . . . . .
Intestin-	us a um	intestin, intérieur ; domes-tique ; civil. . . . . . .
Intim-	us a um	le plus intérieur ; intime, ami, familier. . . . . .
Libidinos-	us a um	capricieux ; voluptueux ; dé-réglé ; licencieux . . . .
Line-	us a um	de lin. . . . .
Linte- Lintæ-	us a um	de toile, de linge. . . . . .
Lucid-	us a um	clair, lucide, lumineux ; bril-lant, éclatant ; transpa-rent ; manifeste. . . . . .
Luxurios-	us a um	qui vit dans la mollesse, fastueux ; luxurieux . . .
Mercenari-	us a um	mercenaire, à la solde . .
Obsolefact- Obsolet-	us a um	qui n'est plus à la mode, vieux, usé ; souillé, taché.
Oleagine- Oleagin-	us a um	d'olivier ; de couleur d'o-live ; oléagineux. . . . .
Onerari-	us a um	de charge (propre à porter des fardeaux) . . . .

. . . .
. . . .
. . . .

è . .   malhonnétement.

è, ò ⎫
anter ⎬   inopinément , à l'improviste.
nter, tè   immodérément.

. . . .
è   intérieurement, intimement; tendre-
                 ment.
è   au gré du caprice; d'une manière li-
                 cencieuse.
. . . .
. . . .

è   clairement.

è   avec mollesse, avec luxe ; avec disso-
                 lution ; excessivement.
. . . .
è   à la vieille mode.

. . . .

. . . .

Ire *et* IIe *Déclinaisons.* — (27)
(Ier TABLEAU. — *BONUS, A, UM.*)

Radical.	*Désinences.*	
Opinat-	us a um	à qui l'on pense . . . .
Peræqu-	us a um	fort équitable, fort égal; dans une proportion tout-à-fait égale.. . . . .
Pergamen- Pergame-	us a um	de Pergame, Troyen; Romain . . . .
Phrygioni-	us a um	de brodeur; brodé . . . . .
Poetic-	us a um	poétique, de poète . . . . .
Præacut-	us a um	très aigu, très pointu. . . .
Proper-	us a um	qui va vite, qui se hâte. . .
Pythagore- Pythagoric-	us a um	Pythagoricien, de Pythagore. . . . .
Sacrileg-	us a um	sacrilége, viólateur, profanateur, impie. . . . . . .
Scopulos-	us a um	plein de rochers, rempli d'écueils, de brisans; difficile. . . . .
Suburban-	us a um	de faubourg . . . .
Speculatori-	us a um	qui sert à découvrir, à reconnaître. . . . .
Suggest-	us a um	mis en monceau, ajouté; soutenu. . . . .
Tabellari-	us a um	qui concerne les tablettes ou les lettres. . . . .
Taciturnul- Taciturn-	us a um	taciturne, silencieux; dont on ne parle pas. . . . . .
Temporari-	us a um	temporaire; inconstant. . .
Tranquillat-	us a um	pacifié. . . . .
Venatic- Venatici- Venatori-	us a um	de chasse, de chasseur . . .
Venere-	us a um	de Vénus . . . .

Désinences adverbiales.

ò	en y pensant.
è	d'une manière tout-à-fait semblable; fort également.

. . . .

è	poétiquement, en poète.
è	fort ingénieusement.
è , iter	promptement, précipitamment.

. . . .

è	d'une manière sacrilége.

. . . .

è	avec quelque politesse.

. . . .

. . . .

. . . .

. . . .

è	pour un temps.

. . . .

. . . .

. . . .

NOMS ADJECTIFS.

Iʳᵉ *et* IIᵉ *Déclinaisons.* — (27)
(Iᵉʳ TABLEAU.—*BONUS, A, UM.*)

Radical.	Désinences.	
Vidu-	us a um	frustré, dépouillé, privé de ; vide. . . . .
Vinolent-	us a um	ivre ; où il entre du vin . .
Violace-	us a um	de couleur violette . . . . .
Vitulin-	us a um	de veau. . . . .

—(IIᵉ TABLEAU. — *NIGER.*)— (28) —

Integ-	er ra rum	entier, sain ; sobre ; qui n'est point profané ; intègre ; indifférent . . . .

— IIIᵉ *Déclinaison.* — (29) —
(IIIᵉ TABLEAU.—*PRUDENS.*)

ADJECTIFS A UNE TERMINAISON.

Decempl-	ex ic-	is	dix fois autant. . . . .
Ema-	x c-	is	grand acheteur. . . . . . ,
Fero-	x c-	is	fier, audacieux ; rigoureux, cruel, féroce . . . .
Indiligen-	s t-	is	négligent . . . .
Inopinan-	s t-	is	qui ne s'y attend pas . . . .
Intempéran-	s t-	is	immodéré, intempérant, débauché. . . . .
Partic-	eps ip-	is	partisan, compagnon, confident, complice. . . . .

— IIIᵉ *Déclinaison.* — (30) —
(IVᵉ TABLEAU.—*FORTIS.*)

ADJECTIFS A DEUX TERMINAISONS.

Concinn-	is e	bien fait, joli, agréable ; élégant ; ingénieux ; régulier. . . . .

Désinences adverbiales.

. . . .
. . . .
. . . .
. . . .

è   entièrement, avec intégrité.

. . . .
. . . .

c-iter	fièrement, courageusement; d'un air; d'un caractère farouche.
ter	négligemment.
nter	d'une manière inopinée.
ter	immodérément.

. . . .

. . . .

IIIe *Déclinaison.* — (3o)
(IVe TABLEAU.—*FORTIS.*)

ADJECTIFS A DEUX TERMINAISONS.

Radical.	*Désinences.*	
Confin-	is e	limitrophe. . . . .
Cunal-	is e	de berceau d'enfant. . . . .
Decemviral-	is e	de décemvir. . . . .
Hiemal-	is e	d'hiver . . . .
Infam-	is e	infâme , diffamé. . . . . . .
Intestabil-	is e	qui ne peut être admis en témoignage ; incapable de faire testament ; détestable , odieux ; infâme . . .
Patruel-	is e	de cousin germain paternel , qui concerne les deux frères . . . .
Pedestr-	is e	qui est, qui va à pied ; qui concerne les gens de pied.
Probabil-	is e	probable , vraisemblable ; digne d'éloges, fait pour plaire. . . . .
Putr-	is e	pourri ; qui se résout en poussière. . . . .
Quirinal-	is e	de Romulus, quirinal. . . .
Subalar-	is e	qu'on peut cacher sous l'aisselle. . . . .

ADJECTIFS COMPARATIFS.

Troisième Déclinaison. — (3₂)

(VIe TABLEAU.—*SANCTI-OR , US.*).

Deteri-	or us	pire, plus méchant ; plus faible. . . . .
Ulteri-	or us	ultérieur, qui est au-delà. .

Désinences adverbiales.

. . . .
. . . .
iter   en décemvir.
. . . .
. . . .
. . . .

. . . .

. . . .

. . . .
iter   probablement , vraisemblablement ,
                            d'une manière louable ; avec hon-
                            neur.

. . . .
. . . .

. . . .

ùs   plus mal.

ùs   au-delà , plus avant ; davantage.

Première Conjugaison. — (40 et 41)
(Ier TABLEAU. — *AMO*. (are — as)

Radical.	Désinences.			
Abalien-	o	avi	atum	aliéner, vendre, engager; éloigner, détacher.
Accur-	»	»	»	donner tous ses soins, soigner beaucoup.
Concur-	»	»	»	avoir grand soin, soigner ensemble.
Percur-	»	»	»	guérir parfaitement.
Procur-	»	»	»	avoir le soin ou l'administration, veiller à, prendre soin; expier.
Recur-	»	»	»	guérir de nouveau; refaire; soigner avec exactitude.
Adlabor- *Allabor-*	»	»	»	travailler fortement; tâcher, s'efforcer.
Elabor-	»	»	»	travailler avec soin, s'appliquer à perfectionner, élaborer.
Adorn-	»	»	»	orner, embellir; préparer; supposer.
Perorn-	»	»	»	parer ou orner beaucoup; combler d'honneurs.
Suborn-	»	»	»	pourvoir, fournir; suborner.
Adpugn-	»	»	»	attaquer, assaillir.
Compugn-	»	»	»	se battre, se quereller.
Propugn-	»	»	»	combattre pour, défendre.
Æquipar-	»	»	»	égaler, atteindre, aller de pair; comparer.
Repar-	»	»	»	réparer, rétablir; recommencer; acheter.
Anteoccup-	»	»	»	anticiper; prévenir.
Præoccup-	»	»	»	s'emparer d'avance; prévenir.

Première Conjugaison. —(40 et 41)
(1er TABLEAU. — *AMO*. (are — as)

Radical.	Désinences.			
Appellit-	o	avi	atum	appeler souvent ; parler beaucoup; invoquer; solliciter.
Avoc-	»	»	»	détourner, éloigner, distraire ; révoquer.
Cant-	»	»	»	chanter, déclamer ; jouer des instrumens ; enchanter.
Decant-	»	»	»	finir de chanter ; répéter ; louer hautement.
Excant-	»	»	»	évoquer ; charmer, enchanter.
Recant-	»	»	»	chanter de nouveau ; désenchanter ; se rétracter.
Comput-	»	»	»	compter, calculer, supputer ; penser.
Deput-	»	»	»	couper , tailler ; penser ; compter ; imputer , dédier.
Exput-	»	»	»	couper, tailler ; réfléchir, examiner.
Opput-	»	»	»	élaguer, émonder.
Perput-	»	»	»	exposer succinctement, nettement ; bien élaguer, bien tailler.
Postput-	»	»	»	estimer moins, faire moins de cas.
Reput-	»	»	»	considérer, penser attentivement ; calculer ; imputer.
Supput-	»	»	»	couper çà et là; supputer; calculer; s'imaginer.

3.

Première Conjugaison. — (40 et 41)
(Ier TABLEAU. — *AMO.* (are — as)

Radical.	Désinences.			
Coopt-	o	avi	atum	associer, admettre; choisir, élire.
Exopt-	»	»	»	désirer ardemment; préférer; faire des imprécations.
Peropt-	»	»	»	souhaiter fort.
Præopt-	»	»	»	préférer, aimer mieux.
Deliber-	»	»	»	délibérer, examiner; consulter; résoudre.
Demut-	»	»	»	changer; faire changer.
Emut- *Immut-*	»	»	»	changer.
Remut-	»	»	»	rechanger.
Transmut-	»	»	»	changer.
Dispal-	»	»	»	séparer, répandre, disperser; errer çà et là.
Enumer-	»	»	»	dénombrer, détailler; compter, calculer.
Pernumer-	»	»	»	compter entièrement; achever de payer.
Renumer-	»	»	»	recompter; rendre l'argent.
Exagit-	»	»	»	agiter; poursuivre; tourmenter; irriter; blâmer; révéler.
Peragit-	»	»	»	agiter fortement.
Subagit-	»	»	»	faire mouvoir sous soi; tâcher de corrompre.
Exhæred- Exhered-	»	»	»	déshériter, exhéréder.
Extent-	»	»	»	essayer.
Intent-	»	»	«	étendre; présenter; menacer; intenter.
Pertent-	»	»	»	essayer, tenter; sonder, examiner.

Première Conjugaison. — (40 et 41)
(1er TABLEAU. — AMO. (are — as)

Radical.	Désinences.			
Prætent-	o	avi	atum	tâtonner, tâter; essayer, tenter auparavant; examiner auparavant.
Retent-	»	»	»	essayer de nouveau; retenir, arrêter.
Subtent-	»	»	»	sonder adroitement.
Sustent-	»	»	»	soutenir; appuyer, secourir; conserver; nourrir; arrêter, différer.
Gubern-	»	»	»	conduire un vaisseau; gouverner, administrer.
Honor-	»	»	»	honorer, récompenser; orner.
Infam-	»	»	»	diffamer, rendre infâme.
Leg-	»	»	»	envoyer en ambassade, députer; charger de; léguer; attribuer.
Ableg-	»	»	»	envoyer, éloigner; empêcher; séparer.
Alleg-	»	»	»	envoyer; députer, déléguer; interposer; alléguer.
Deleg-	»	»	»	déléguer, charger de, confier; attribuer; substituer; renvoyer.
Migr- Emigr-	»	»	»	émigrer, changer de lieu; sortir de.
Immigr-	»	»	»	venir demeurer, se fixer; s'introduire.
Semigr-	»	»	»	quitter quelqu'un, se séparer.
Transmigr-	»	»	»	changer de lieu ou de demeure, aller demeurer ailleurs.

Première Conjugaison. (40 et 41)
(Ier TABLEAU. — *AMO.* (are — as)

Radical.	Désinences.			
Penetr-	o	avi	atum	pénétrer, percer; offenser.
Pens-	»	»	»	peser; examiner; apprécier; compenser; réparer.
Dispens-	»	»	»	dispenser, administrer; distribuer; disposer; ménager.
Repens-	»	»	»	payer; compenser, dédommager.
Sacrific-	»	»	»	sacrifier, offrir un sacrifice.
Sacr-	»	»	»	consacrer, sacrer, vouer; maudire, proscrire; immortaliser.
Desacr-	»	»	»	sacrer, dédier, consacrer.
Resacr-	»	»	»	prier de nouveau; lever l'excommunication.
Sign-	»	»	»	marquer, empreindre, graver; sceller; désigner; observer; orner; signifier.
Consign-	»	»	»	signer, contresigner; cacheter, sceller; consigner, déposer; autoriser.
Obsign- } Persign- }	»	»	»	cacheter, sceller; signer; consigner.
Præsign-	»	»	»	marquer d'avance.
Resign-	»	»	»	décacheter, lever le sceau; découvrir, dévoiler, rendre.
Subsign-	»	»	»	citer; noter; s'engager par écrit; hypothéquer, obliger.
Tranquill-	»	»	»	ramener le calme; tranquilliser, calmer, apaiser.
Vidu-	»	»	»	dépouiller, priver, frustrer.

Première Conjugaison. — (40 et 41)
(Ier TABLEAU. — *AMO.* (are — as)

Radical.	*Désinences.*	
Infici-	o (s. par. ni sup.)	nier, désavouer; refuser; nier un dépôt.
Venund-	o edi atum	vendre, donner à vendre.

— VERBES NEUTRES RÉGULIERS. —

Advent-	o avi atum		s'approcher, être sur le point d'arriver, menacer.
Convent-	» »	»	se trouver souvent ensemble.
Subvent-	» »	»	secourir, aider.
Bell-	» »	»	faire la guerre.
Debell-	» »	»	terminer la guerre par des victoires; vaincre, subjuguer.
Cithariz-	» »	»	pincer ou jouer de la harpe.
Recurs- *Recursit-*	» »	»	courir çà et là; revenir.
Veter-	» »	»	vieillir.
Inveter-	» »	»	préparer pour garder longtemps; s'établir, s'invétérer.

— VERBES NEUTRES IRRÉGULIERS. —

Accub-	o ui itum		être couché près; se coucher.
Concub-	» »	»	coucher avec.
Decub-	» »	»	découcher; être couché.
Excub-	» »	»	découcher; veiller.
Procub-	» »	»	se coucher, s'incliner, être courbé.
Recub-	» »	»	se recoucher; être couché, être étendu.

Première Conjugaison. — (40 et 41)
(Ier TABLEAU. — *AMO.* (are — as)

Radical.	Désinences.	
Secub-	o ui *itum*	coucher seul ou à part.
Antest- ⎱	o iti atum	être au premier rang, ex-
Antist- ⎰	» » »	celler; surpasser.
Dist-	o *eti* atum, *itum*	être distant, être éloigné; différer.
Obst-	o *iti,* atum, *itum*	être situé devant ou vis-à-vis; résister, s'opposer.
Prost-	o *iti itum*	saillir, s'avancer en dehors; être à vendre, être vénal.
Subst-	o *iti atum*	être dessous; être, exister; tenir ferme.
Pull- Pullul- ⎰	o (s. par. et s. sup.)	pulluler; pousser des reje-tons; produire.

— VERBES DÉPONENS ACTIFS. —

Première Conjugaison. — (44 et 45)
(IIIe TABLEAU. — *IMITOR.* (ari — aris)

Dispal-	or atus sum *ou* fui				séparer; répandre, disper-ser; errer çà et là.
Frustr-	»	»	»	»	frustrer, priver.
Infici-	»	»	»	»	nier, désavouer; refuser; nier un dépôt.
Opin-	»	»	»	»	juger, penser, croire.
Specul-	»	»	»	»	être en sentinelle, épier; observer, contempler.
Suffrag-	»	»	»	»	donner son suffrage; servir, seconder.

— VERBE DÉPONENT NEUTRE. —

Bell-	or atus sum *ou* fui	faire la guerre.

Deuxième Conjugaison. — (46 et 47)
(Ier TABLEAU. — *MONEO.* (ere — es)

Radical.	Désinences.	
Att-in-	eo inui entum	tenir, retenir, garder, arrêter ; regarder ; appartenir ; être utile.
Obt-in-	» » »	tenir, posséder ; conserver ; gagner, obtenir.

— VERBES NEUTRES. —

Displic-	eo ui itum	déplaire.
Putr-	» » (sans sup.)	pourrir , se corrompre ; être pourri.

— VERBE DÉPONENT NEUTRE. —

IIe *Conjugaison.* — (5o et 5i)
(IIIe TABLEAU. — *POLLICEOR.* (eri — eris)

Hab-	eor itus sum *ou* fui	passer pour.

— VERBE IMPERSONNEL. —

Pertæ-	det duit, sum est	s'ennuyer beaucoup ; être rebuté.

VERBES ACTIFS.

Troisième Conjugaison. — (52 et 53)
(Ier TABLEAU. — *LEGO.* (ere — is)

Abstri-ng-	o nxi ctum	lâcher , délier , desserrer.
Astri-ng-	» » »	lier à , serrer ; rider ; resserrer ; engager , astreindre.

Troisième Conjugaison. — (46 et 47)
(1ᵉʳ TABLEAU. — *LEGO.* (ere — is)

Radical.	Désinences.		
Instri-ng-	o nxi	ctum	lier étroitement, gar-rotter.
Præstri-ng-	» »	»	serrer fortement.
Restri-ng-	» »	»	lier ou serrer étroite-ment ; réprimer , restreindre.
Substri-ng-	» »	»	serrer, resserrer.
Accred-	o idi	itum	croire , se fier; souf-frir; permettre.
Concred-	» »	»	confier ; attribuer.
Agge-r-	o ssi	stum	amonceler, entasser, amasser; faire une digue ; remplir ; augmenter.
Dege-r-	» »	»	porter , transporter.
Dige-r-	» »	»	porter çà et là , ré-pandre; arranger; digérer, cuire; dis-siper.
Inge-r-	n »	»	porter; mettre; jeter; citer, répéter.
Ogge-r-	» »	»	présenter, offrir.
Præge-r-	» »	»	porter devant, pré-senter.
Proge-r-	» »	»	porter dehors, pous-ser, jeter.
Rege-r-	» »	»	reporter, rapporter; renvoyer, repous-ser, rejeter.
Sugge-r-	» »	»	fournir ; suggérer ; substituer ; mettre dessous ; ajouter.

Troisième Conjugaison. — (52 et 53)
(1er TABLEAU. — *LEGO*. (ere — is)

Radical.	Désinences.			
App-ell-	o	uli	ulsum	aborder, débarquer ; approcher , faire approcher.
Asser-	o	ui	tum	prendre , tirer à soi ; s'attribuer ; affirmer ; appliquer.
Conser-	»	»	»	entrelacer, joindre.
Interser-	»	»	»	insérer, entremêler, enclaver.
Attex-	o	ui	tum	faire un tissu ; joindre.
Contex-	»	»	»	faire un tissu, ourdir, tramer ; composer ; joindre.
Detex-	»	»	»	faire un tissu.
Extex-	»	»	»	défaire un tissu, effiler.
Intex-	»	»	»	faire un tissu, brocher ; entrelacer ; introduire dans un dialogue.
Obtex-	»	»	»	faire un tissu autour.
Pertex-	»	»	»	achever un tissu, un discours.
Prætex-	»	»	»	faire un tissu pardevant ; mettre en tête ; ébaucher ; couvrir ; border ; prétexter.
Retex-	»	»	»	défaire un tissu ; détruire ; recommencer.
Subtex-	»	»	»	faire un second tissu ; couvrir ; composer ; écrire ; ajouter.

Troisième Conjugaison. — (52 et 53)
(Ier TABLEAU. — *LEGO.* (ere — is)

Radical.	*Désinences.*		
Capess-	o ivi	itum	s'efforcer de prendre; se saisir; entreprendre; comprendre.
Coargu-	o i	tum	montrer, prouver; objecter; reprendre, accuser.
Conclu-d-	o si	sum	enfermer, renfermer; boucher; conclure.
Circumclau-d- *Circumclu-d-*	» »	»	enfermer, clore, entourer.
Disclu-d	» »	»	séparer, diviser; repousser; fendre.
Inclu-d-	» »	»	enfermer, renfermer; clore, finir; entourer; borner.
Occlu-d-	» »	»	clore, fermer.
Reclu-d-	» »	»	ouvrir, découvrir; renfermer.
Seclu-d-	» »	»	mettre à part; exclure, bannir.
Demer-g-	o si	sum	plonger, enfoncer; couler à fond, abîmer; précipiter.
Immer-g-	» »	»	plonger, submerger.
Submer-g- *Summer-g-*	» »	»	submerger, noyer.
Depi-ng-	o nxi	ctum	peindre; dépeindre, décrire.
Distin-gu-	o xi	ctum	tacheter, parsemer; diversifier; diviser; distinguer.
Exacu-	o i	tum	aiguiser, affiler; aiguillonner, animer.

Troisième Conjugaison. — (52 et 53)
(Ier TABLEAU. — LEGO. (ere — is)

Radical.	Désinences.			
Præacu-	o	i	tum	aiguiser, rendre très aigu.
Indi-c-	o	xi	ctum	annoncer, déclarer; convoquer; ordonner.
Præscri-b-	o	psi	ptum	intituler; étiqueter; prescrire; alléguer; dicter.
Prætermi-tt-	o	si	ssum	négliger; omettre; avoir de l'indulgence; envoyer au delà.
Sci-sc-	o	vi	tum	savoir, apprendre; donner son suffrage; établir.
Adsci-sc-	»	»	»	faire venir; admettre, recevoir; s'arroger.
Asci-sc-	»	»	»	s'attribuer; s'appliquer; prendre, admettre; attirer.
Consci-sc-	»	»	»	arrêter d'un commun accord; amasser; procurer.
Desci-sc-	»	»	»	quitter; se révolter.
Præsci-sc-	»	»	»	savoir d'avance; ordonner par avance.
Resci-sc-	»	»	»	savoir, apprendre.
Sculp-	o	si	tum	sculpter, graver, ciseler.
Exculp-	»	»	»	tailler, graver, ciseler; arracher
Insculp-	»	»	»	graver, tailler, ciseler; tracer.

Troisième Conjugaison. — (52 et 53)
(Ier TABLEAU. — *LEGO*. (ere — is)

Radical.	Désinences.			
S-er-	o evi	atum		semer, planter ; faire naître.
Ads-er- *Ass-er-*	o evi	itum		semer, planter, enter.
Cons-er-	»	»	»	planter, ensemencer ; établir.
Des-er-	»	»	»	semer, planter.
Ins-er-	»	»	»	semer, planter, greffer, enter.
Inters-er-	»	»	»	planter, semer, enter.
Obs-er-	»	»	»	ensemencer, semer, planter.
Pers-er-	»	»	»	semer ; divulguer.
Subs-er-	»	»	»	semer auprès, à la place de ; ajouter.
Stin-g- *Stin-gu-*	o xi	ctum		éteindre.
Exstingu-	»	»	»	éteindre, étouffer ; détruire ; effacer.

— VERBES NEUTRES. —

Absce-d-	o ssi	ssum		se retirer ; abandonner ; se dissiper, s'évanouir ; aboutir.
Interce-d-	»	»	»	être ou se trouver entre ; intervenir, survenir ; s'opposer ; se rendre garant ; intercéder.
Occe-d-	»	»	»	aller au-devant.
Præce-d-	»	»	»	précéder ; surpasser, exceller.

Troisième Conjugaison. — (52 et 53)
(Ier TABLEAU. — *LEGO*. (ere — is)

Radical.	Désinences.		
Acquie-sc-	o vi	tum	se reposer; respirer; être tranquille, soulagé; consentir, acquiescer.
Conquie-sc-	» »	»	se reposer; dormir; se calmer, s'arrêter.
Requie-sc-	» »	»	se reposer; se calmer; être mort; faire reposer.
Decu-rr-	o curri	rsum	courir de haut en bas, descendre; accourir ; poursuivre ; avoir recours.
Excu-rr-	o rri, curri	rsum	courir hors de ou du haut en bas; faire des sorties, des irruptions; s'étendre; omettre.
Incu-rr-	o rri	rsum	courir sur; assaillir; invectiver; s'offrir; encourir; arriver.
Percu-rr-	o curri	rsum	courir en hâte; parcourir.
Recu-rr-	o rri	rsum	courir en arrière, revenir (en courant); recourir.
Pullulasc- Pullulesc-	o (s. parf. et s. sup.)		pulluler, pousser des rejetons; produire.
Putr-esc-	o ui (sans sup.)		pourrir, se corrompre; être pourri.
S-id-	o idi, edi (idem)		s'abattre; se percher; s'accroupir ; aller au fond; se déposer; écrouler.

Troisième Conjugaison. — (52 et 53).
(Ier TABLEAU. — *LEGO*. (ere —is)

Radical.	Désinences.		
Splend-esc-	o ui	(sans sup.)	resplendir, briller.
Explend-esc-	o ui	(*idem*)	briller, reluire; se faire remarquer; éclater.
Verg-	o	(s. parf. et s. sup.)	pencher vers; être tourné vers; décliner.
Deverg-	»	(*idem* *idem*)	pencher, incliner.
Everg-	»	(*idem* *idem*)	verser.
Inverg-	»	(*idem* *idem*)	tourner vers; verser.
Veterasc-	»	(idem idem)	vieillir.
Inveterasc-	»	(*idem* *idem*)	préparer pour garder long-temps; s'établir, s'invétérer.

— VERBES DÉPONENS NEUTRES. —
Troisième Conjugaison. — (60 et 61)
(IIIe TABLEAU. — *UTOR*. (i — eris)

Deu-t-	or sus	sum *ou* fui	abuser, user mal.
Obni-t-	or xus	sum *ou* fui	faire effort contre, résister avec effort, s'efforcer de.
Obse-qu-	or cutus	sum *ou* fui	avoir de la complaisance; faire sa cour; céder, se soumettre.
Perfun-g-	or ctus	sum *ou* fui	exercer une charge, remplir un devoir; essuyer, avoir à souffrir; être délivré.

— VERBE IMPERSONNEL. —

Perpudesc-	it	» »	avoir une grande honte.

Troisième Conjugaison. — (54 et 55)
(Ier TABLEAU (bis). — *ACCIPIO.* (ere — is)

Radical.	Désinences.	
Collabefac-	io (s. parf. et s. sup.)	ébranler , fracasser, terrasser.
Elic-	io ui itum	tirer, exciter ; attirer ; rechercher.
Pellic- Perlic- }	» » »	attirer, séduire, obtenir par flatterie, par des promesses.
Info-d-	io di ssum	creuser ; enfouir, enterrer.
Vacuef-ac-	io eci actum	vider ; abolir.

VERBES ACTIFS.

Quatrième Conjugaison. — (64 et 65)
(Ier TABLEAU. — *AUDIO.* (ire — is)

Radical	Désinences					Sens
Adsc- Asc- }	io ivi	itum				faire venir ; admettre, recevoir ; s'arroger.
Consc-	» »	»				se sentir coupable.
Desc-	» »	»				ne pas savoir, ignorer.
Sep-	io ivi, ii	tum, itum				enclore , enfermer ; environner.
Circumsep-	» »	»	»	»		entourer, enclore.
Consep-	» »	»	»	»		clore de haies, palissader.
Dissep-	» »	»	»	»		diviser par des clôtures ; fendre ; abattre ; terminer.
Intersep-	» »	»	»	»		enclore , entourer, enfermer,
Obsep-	» »	»	»	»		environner de haies, fermer le passage.
Præsep-	» »	»	»	»		entourer, fortifier autour, clore.

VERBES NEUTRES.

Quatrième Conjugaison. — (64 et 65)
(Ier TABLEAU. — *AUDIO.* (ire — is)

Radical.	Désinences.			
Asserv-	io ii		itum	servir, seconder ; s'assujettir.
Deserv-	» »		»	servir, être utile ; soigner ; s'appliquer.
Inserv-	io ii, ivi		itum	servir, être utile ; s'assujettir ; s'appliquer ; ménager.
Præserv-	» »	»	»	rendre service d'avance.
Ligur-	io ivi		itum	prendre ce qu'il y a de plus délicat ; manger délicatement ; désirer avec ardeur ; lécher.

— VERBES DÉPONENS ACTIFS. —
(IIIe TABLEAU. — *BLANDIOR.* (68 et 69)

Me-t-	ior nsus sum *ou* fui	mesurer ; juger, estimer.
Or-d-	ior sus sum *ou* fui	ourdir, tramer ; commencer.

VERBES NEUTRES IRRÉGULIERS.
(Ve TABLEAU. — *EO.* (75)

Co-	eo ivi	itum	aller ensemble, s'assembler ; s'accoupler ; se rallier ; se liguer ; se glacer.
Intro-	» »	»	entrer.

Quatrième Conjugaison. — (76)
(VIe TABLEAU. — *FIO.*)

Radical.	Désinences.	
Collabef-	io actus sum *ou* fui	tomber en pièces, être fracassé; succomber.
Putref-	» » » »	pourrir, se corrompre; être pourri.

ADVERBES.

Accuratè	soigneusement, exactement.
Apprim-à è, ò	fort, fort bien; surtout.
Capitulatìm	sommairement.
Elatè	à haute voix; avec hauteur; d'un style noble, élevé.
Eminùs	de loin.
Exadvers-ò, ùm	à l'opposite, vis-à-vis.
Hactenùs	jusque-là, jusqu'ici, jusqu'à présent; tellement, seulement.
Ideò	pour cela.
Initiò	au commencement.
Nominatìm	par nom, nominativement; nommément; expressément, en particulier.
Partìm	en partie, une partie, la plupart.
Peræquè	d'une manière semblable, également.
Præsertìm	principalement, surtout, particulièrement.
Præterquàm	hormis, à l'exception.
Quodammodò	en quelque façon, en quelque sorte.
Quotiescunquè ⎱ Quotiesquè ⎰	toutes les fois que.

Reverà	en effet, effectivement.
Scienter	savamment, en personne habile; sciemment, exprès.
Seciùs	moins; aussi bien, également.
Utrobiquè	dans les deux côtés, dans les deux partis.

FIN.

IMPRIMÉ CHEZ PAUL RENOUARD,

RUE DE L'HIRONDELLE, N° 22.